# NEUVAINE

A

# S. CLAIR.

# VIE DE S. CLAIR, PRÊTRE ET MARTYR,

Dont l'Eglise de S. Victor célébre la Fête le 18 Juillet ;

*ON Y A JOINT UNE NEUVAINE,*

*avec l'Ordinaire de la Messe.*

A PARIS,

Chez AUG.-MART. LOTTIN l'aîné, Imprimeur-Libraire du ROI & de la VILLE, rue S. Jacques, au Coq.

M. DCC. LXXVI.

*Avec Approbation & Permission.*

# VIE DE S. CLAIR, PRÊTRE ET MARTYR.

S. CLAIR naquit en Angleterre, l'an 865, avec tous les avantages que peuvent donner la Nobleſſe & la Fortune. Son Père s'appelloit *Edouard*, & deſcendoit d'une des plus illuſtres & des plus riches Familles du pays. Dès le moment de ſa naiſſance, ſes Parens l'offrirent à Dieu, le nommèrent *Clair* ſur les Fonts-Baptiſmaux ; & leurs Inſtructions, ſoutenues de l'exemple de leur vie, tournèrent ſes premiers penchants à la Piété & à la crainte de Dieu.

Cet Enfant avoit un goût naturel pour la Vertu ; le cœur droit, noble, bienfaiſant. A un eſprit vif & pénétrant, ſe joignoit une mémoire fidéle, qui lui rendoit mot-à-mot ce qu'il avoit entendu & ce qu'il avoit lu. Pour cultiver un fonds qui donnoit de si grandes espérances, & mettre à profit un temps si précieux, le Père confia son Fils à un homme pieux & sçavant pour l'instruire dans les Lettres divines & humaines. Le Gouverneur qui avoit encore plus de piété que de science, s'appliqua principalement à former le cœur de son Eléve, en y gravant de bonne heure les principes de Religion, qui depuis lui servirent de régle dans les différentes circonstances de sa vie. Sous la main d'un si habile Maître, & sous les yeux de ses Parens qui animoient par leur présence ses exercices, le jeune Clair fit des progrès rapides dans l'étude des lettres & dans la pratique des vertus chrétiennes. Il apprit de bonne heure combien il est doux de porter le joug du Seigneur dès son enfance, & combien le Salut coute peu quand, par une heureuse habitude, la vertu est devenue, pour ainsi dire, naturelle. Dans un âge si peu avancé, & si peu propre aux grandes vertus, il donna des marques d'une piété tendre & sincère, par le soin qu'il eût de conserver toujours sous un extérieur modeste, un corps chaste, des mœurs pures, un cœur soumis à la Raison & aux régles de l'Evangile. C'est dans ces premières années, qu'il se fit une loi, avant que d'entendre la Messe, de s'y disposer par des lectures de Piété qu'il faisoit pour se remplir l'esprit de bonnes pensées, & s'entretenir dans les dispositions nécessaires pour assister avec fruit à ce redoutable Sacrifice. Il y apportoit un recueillement, une attention & une modestie qui inspiroient la dévotion & le respect aux Assistans; on ne pouvoit le voir prier sans être touché. La Prière étoit son unique ressource. Nulle entreprise qui ne fût précédée ou suivie de la Prière. Chaque heure avoit son occupation marquée; &, par l'ordre qu'il s'étoit prescrit pour la conduite de sa vie, il ne faisoit rien par fantaisie, ni par humeur, défaut assez ordinaire aux jeunes-gens de son âge; mais en toutes choses la volonté de Dieu faisoit la régle de la sienne.

Après avoir achevé ses études avec succès, le jeune Clair fut rappellé dans la maison paternelle, d'où il n'étoit sorti que pour se livrer à ses exercices avec plus d'application. Dieu le préserva par sa grâce, des périls aux quels les richesses & la liberté exposent un jeune-homme qui entre dans le monde. Clair se donna tout entier à Dieu dans un âge où la plûpart se livrent tout entiers à leurs passions. Il avoit néanmoins les qualités propres à se rendre aimable dans la Société; de la politesse, de la modestie, des mœurs douces, l'esprit cultivé; mais ce furent-là les moindres avantages de son éducation. Il les regardoit comme autant de moyens de se perdre; il sçavoit que les talens qui nous relèvent si fort devant les hommes, ne servent souvent qu'à nous rabaisser aux yeux de Dieu. Aussi fuyoit-il les applaudissemens & les éloges, avec autant de soin qu'on a coutume de les rechercher. La première impression que le monde fît sur son esprit, fut le désir de l'abandonner. Il le connoissoit assez sans l'avoir beaucoup pratiqué, parce qu'on connoit assez le vice, quand on a dans ſon cœur le principe de la vertu. Cependant, quelque attrait qu'il eût pour la vie retirée, il attendit pour le ſuivre, que la Providence lui fournît une occaſion favorable de rompre les liens qui le retenoient; ce qui ne tarda pas d'arriver.

Quoiqu'Edouard fut un Père vraiment chrétien, il n'étoit pas exempt de ces motifs humains, qui portent les Parens les plus vertueux, à décider de la vocation de leurs enfans, au préjudice du droit excluſif, que Dieu a d'en diſpoſer ſelon ſes deſſeins. Dans la vue d'élever ſon fils à la charge de Conſul, qui étoit une des premières de l'Etat, & qui avoit été poſſédée par ſes ancêtres, il voulut l'engager dans le mariage, & lui procurer un établiſſement aſſorti à ſa naiſſance & à ſa fortune. La nobleſſe de ſon origine & les grands biens attachés à ſa famille, ſembloient appeller le jeune Clair à ce que le ſiécle a de plus flatteur, & par conſéquent à ce qu'il y a de plus dangereux pour un Chrétien. Mais cet enfant de Dieu, ſçachant combien il lui seroit difficile de suivre J. C. pauvre & humilié, au milieu des richesses & des délices, & craignant d'exposer son Salut par un engagement légèrement pris, ne veut rien faire précipitamment dans une affaire si importante. La parfaite connoissance qu'il a des vérités qu'on lui a apprises dès sa plus tendre jeunesse, lui fait voir quelles sont les obligations des Chrétiens dans le monde, & avec combien peu de fidélité on s'en acquitte, vû les obstacles presque insurmontables que la Vertu y rencontre à chaque pas. Dans l'incertitude où le met le choix d'un état, partagé entre son goût pour la solitude, & la crainte de désobéir à ses parens, il s'adresse à Dieu, le Père des lumières; il le prie de l'éclairer & de lui faire connoître sa volonté; &, quand il est assuré que Dieu veut de lui qu'il renonce à son père, à sa mère, & qu'il quitte tout pour le suivre, dès ce moment il ferme les yeux à ce qu'il a de plus cher; il prend sans balancer le parti de la retraite; il quitte ses Parens & ses Amis, sans espérance de les revoir; passe en Normandie, arrive à Cherbourg

& delà à l'Abbaye de Maudun, qui étoit ſous la conduite du B. Odebert. Les exemples de Piété & de Pénitence qu'il donna dans cette maiſon, lui attirèrent bientôt le reſpect & la confiance de tous les Religieux de ce Monaſtère. Deux d'entre eux vinrent le conſulter ſur les moyens de s'affranchir des tentations du Démon. Notre Saint fit une longue réſiſtance, prétextant ſon peu de lumières, & le beſoin qu'il avoit lui-même de recevoir des conſeils; enfin, cédant à leurs inſtances, il leur dit, « C'eſt à » Jéſus-Chriſt le Docteur & le Mé» decin de nos âmes, que nous devons » recourir, pour apprendre à vaincre » les tentations, à mourir au monde » & à nous-mêmes. *Si quelqu'un veut* » *venir après moi*, dit Jéſus-Chriſt » à ſes Apôtres, *qu'il renonce à ſoi-* » *même, qu'il porte ſa Croix & qu'il* » *me ſuive.* Ces paroles s'adreſſent à » tous les Chrétiens, parce qu'ils ſont » tous obligés de ſuivre & d'imiter J. C. » Mais un Solitaire doit prendre pour » lui, plus particulièrement encore » que le reſte des Fidèles, les maxi-

» mes de l'Evangile, qui nous ordonnent de porter notre croix tous
» les jours de notre vie ; de marcher
» par la voie étroite & pénible de la
» mortification, de haït notre âme &
» de la perdre en cette vie pour la
» sauver en l'autre. N'oublions jamais
» que le Démon veille continuelle-
» ment sur nous pour nous faire aban-
» donner nos saints exercices, en s'ef-
» forçant de nous rendre lâches,
» tiédes & paresseux dans la pratique
» de nos devoirs. Alors, bien loin de
» nous en acquitter avec plus de tié-
» deur, nous devons les faire avec
» plus de soin, plus d'application &
» plus de ferveur qu'à l'ordinaire, en
» combattant par la prière cette négli-
» gence & ce relâchement qu'il veut
» nous inspirer. Si le combat nous est
» pénible, il l'est aussi au Démon : si
» ses tentations nous agitent, notre
» prière le tourmente encore plus.
» Notre recours à Dieu, la défiance
» de nous-mêmes & notre humilité
» l'irritent ; notre charité est un feu
» qui le brûle ; notre obéissance à la
» loi de Dieu, est un frein qui le fait

» écumer de rage. Il ſe laſſe enfin, &
» nous laiſſe tranquilles quand il voit
» que ſes efforts ne produiſent d'au-
» tre effet ſur nous, que de nous
» rendre plus humbles & plus rabaiſ-
» ſés à nos propres yeux, plus exacts
» à nos devoirs, plus vigilants ſur nous-
» mêmes. Voilà les armes par leſquel-
» les nous pouvons repouſſer le Dé-
» mon, l'attaquer & le vaincre. Re-
» courons donc ſans ceſſe à la Prière,
» & à la lecture de la parole de Dieu;
» tenons-nous toujours attachés à J. C.
» en embraſſant ſa Croix, & retraçant
» ſur nous le myſtère de ſes douleurs &
» de ſes humiliations, & eſpérons
» que la main du Tout-puiſſant nous
» ſoutiendra & nous rendra victorieux
» par la perſévérance ».

Clair, après avoir édifié ce Monaſtère par toutes les vertus propres à un Solitaire, fut élevé au Sacerdoce. L'Evêque de Coutance, lui impoſa les mains. Depuis ſon ordination, l'amour qu'il avoit pour la Pénitence, prit un nouvel accroiſſement. Sans ceſſe occupé de J. C. & de ſa Croix, il s'appliqua uniquement à combattre les ennemis de ſon Salut, par la vigilance, la prière & la mortification. Il n'eut jamais penſé à ſortir de ce Monaſtère, ſi la conſidération ſingulière qu'on avoit pour lui dans cette Maiſon, n'eut paru un écueil dangereux à ſon humilité; c'eſt ce qui le porta à chercher une retraite plus ſûre & plus conforme à ſon goût. Il quitta S. Odebert, & arriva près de la rivière d'Epte, ſur les confins de la haute Normandie, dans le lieu qui porte aujourd'hui ſon nom*. La ſainteté de ſa vie & de ſa doctrine, lui fit bientôt rencontrer dans le concours des perſonnes attirées par le bruit de ſa piété, les mêmes obſtacles qui l'avoient déterminé à ſortir de l'Abbaye de Maudun. Mais, comme il crut que Dieu vouloit qu'il ſe fixât dans ce lieu, il ne penſa plus qu'à chercher un contrepoids à l'orgueil dans les rigueurs de la Pénitence. Toute ſa nourriture conſiſtoit dans des racines & des légumes;

* C'eſt un Bourg, au Vexin-François, à trois lieues de Giſors, renommé par les Pélerinages qui s'y font.

ſes jeûnes étoient preſque continuels; les nuits que la Nature a deſtinées au repos du corps, il les employoit preſqu'entièrement à la prière, & à la méditation des vérités éternelles. Il ne ſe bornoit pas au ſoin de ſon propre ſalut; il étoit encore utile aux autres par ſes diſcours & ſes conſeils; ſes inſtructions, plus encore l'exemple de ſa vie, avoient une force admirable pour perſuader. Ceux qui venoient à lui pour recouvrer la vue & la ſanté du corps, après l'avoir entendu, s'en retournoient beaucoup plus touchés des maladies de leur âme, & en cherchoient la guériſon dans le bain ſalutaire de la Pénitence. C'eſt ainſi qu'il faiſoit ſervir au Salut des âmes, le don des miracles qu'il avoit reçu.

Deſtiné de Dieu non-ſeulement à édifier l'Egliſe, mais à ramener dans les ſentiers de la Juſtice, ceux qui, par leur mauvaiſe conduite, déshonnoroient la ſainteté du Chriſtianiſme, Clair s'éleva toute ſa vie avec un zéle ardent contre les pécheurs, quelsqu'ils fuſſent, ſans craindre ni les diſcours de ceux qui y trouvoient de l'excès, ni les persécutions auxquelles l'exposoit la liberté de ses censures. Car il regardoit comme une obligation étroite pour un Ministre de J. C., de prendre contre les Méchans les intérêts de Dieu offensé. « Votre état vous rend tout » possible disoit-il à une femme d'un » rang distingué dans son voisinage ; » mais il ne rend pas innocent ce qui » est criminel aux yeux de Dieu. Vous » pouvez d'autant moins cacher le » scandale de votre vie, que votre état » même le rend plus public. Sçachez » que les grands péchés attirent de » grands châtimens. Tremblez des » maux dont vous menace la justice » Divine, & songez à les prévenir » par une pénitence sincère. Les lar» mes, la prière, le repentir & la » conversion vous tiennent encore ou» vertes les portes de la Miséricorde ; » n'attendez pas le moment fatal où » elles vous seront fermées pour tou» jours par la mort & le désespoir ».

Un avis si charitable & si salutaire, auroit dû faire rentrer cette femme en elle-même, & lui donner de l'horreur d'une vie passée dans le crime. Mais Dieu permit qu'il ne servît qu'à lui endurcir davantage le cœur. Elle se laissa aller à la fureur & aux derniers emportemens que le Démon lui inspira ; ne pouvant plus souffrir les reproches de ses désordres, elle résolut de s'en vanger par la mort notre Saint. Deux de ses serviteurs, se chargèrent d'exécuter ce déteſtable projet ; ils lui tranchèrent la tête le 4 de Novembre de l'an 894.

Après une vie si pénitente & si sainte, il n'est pas étonnant que le Peuple qui avoit éprouvé si souvent le crédit de ce Serviteur de Dieu pendant sa vie, l'ait honoré comme un Saint après sa mort. On venoit prier sur son tombeau, & on y faisoit des *Neuvaines* pour obtenir de Dieu la guérison des maladies des yeux. Plusieurs ont été guéris miraculeusement par son intercession. Ce sont des grâces que Dieu dispense à qui il lui plaît, selon les régles de sa sagesse, autant pour récompenser la foi de ceux qui les lui demandent, que pour attester la sainteté de ceux par qui il les fait passer.

L'Eglise de S. Victor célébre avec pompe, la Fête de S. Clair, le 18 Juillet, jour de la Translation de ses Reliques; on y conserve la partie qui bordoit l'un de ses yeux, qu'on expose, tous les ans pendant la Neuvaine, à la vénération des Fidéles. Le concours prodigieux de monde qui s'y fait pendant ces neuf jours, prouve que dans un temps où il y a si peu de Saints, on révère encore la Sainteté des Serviteurs de Dieu.

S. Clair est encore honoré dans la Chapelle de l'ancien Collége des Bons-Enfans, Cloître S. Honoré. Dès 1486, par la permission de l'Evêque de Paris *, il y fut établie une Confrérie en l'honneur de ce Saint. Cette *Neuvaine* pourra servir à ceux qui auront la dévotion de visiter cette Chapelle.

* LOUIS DE BEAUMONT, 99e Évêque de Paris, nommé par Louis XI, *absens nec expetens*, dit le *Catalogue des Évêques de Paris*, cité par D. du Breul.

# NEUVAINE A S. CLAIR.

L'Eglise, en établissant les Fêtes des Saints, a eu principalement en vue l'édification & l'avantage de ses enfans; & ce ne seroit pas se conformer à ses intentions, que de ne pas tâcher d'en tirer le fruit qu'elle veut nous procurer. Elle nous fait regarder les Saints, comme des amis que nous sommes sur le point de revoir, comme nos frères, qui ont été sujets aux mêmes misères que nous, & formés de la même boue, qui prennent part à nos maux, & qui sont disposés à les soulager, lorsque, par nos prières & nos bonnes œuvres, nous leur donnons occasion de nous secourir auprès de Dieu.

Pour entrer dans les vues de l'Eglise notre Mère, nous devons recourir aux Saints, parce que, s'ils ont été si puissants sur la terre, ils le sont encore plus dans le Ciel; s'ils ont prié pour les pécheurs étant encore vivants, ils prient encore, plus pour nous aux pieds du trône de l'Agneau, connoissant mieux notre foiblesse & le besoin que nous avons de leur intercession. Nous croyant indignes d'être écoutés de Dieu, addressons-nous donc à ceux dont le crédit est grand auprès de la Majesté divine, pour lui offrir nos prières & lui exposer nos besoins. Les Saints sont les amis de Dieu, & les canaux des diverses grâces qu'il répand sur son Eglise. Ils sont les chefs-d'œuvre de sa miséricorde & de sa grâce. J. C. en les couronnant dans le Ciel, veut que nous les honorions sur la terre. Mais quel est ce culte que nous leur devons? Le plus agréable & le meilleur que nous puissions leur rendre, c'est de les imiter, en choisissant parmi les vertus de chaque Saint, celles qui sont le plus convenables à notre état, & qui combattent plus directement les vices & les défauts aux quels nous sommes sujets; c'est de demander à Dieu, par leur intercession, la grâce de nous en corriger & de pratiquer les vertus contraires. Nous essayons de donner dans cette *Neuvaine* à S. Clair, un modéle de ce culte, seul véritable.

## PREMIER JOUR.

Remercions Dieu de nous avoir donné J. C. pour nous ſauver, & demandons-lui la grâce de connoître de plus en plus notre Sauveur.

*On lira ce jour-là, le* I. *Chapitre de l'Evangile ſelon S. Jean.*

### PRIÈRE.

Je vous loue, je vous bénis, je vous remercie, ô mon Dieu, du don ineſtimable que vous m'avez fait en me donnant votre Fils pour Sauveur; faites-moi la grâce, par l'interceſſion de S. Clair, de connoître J. C. & J. C. crucifié, parce que c'eſt dans cette ſcience que je trouverai toute ma religion, mon eſpérance, ma force, le remède à tous mes maux, la lumière dans mes ténébres, ma reſſource entière à l'heure de ma mort, & enfin mon Salut éternel. Ainſi ſoit-il.

## II. JOUR.

Demandons à Dieu l'humilité ; c'est le remède au plus grand de nos maux, qui est l'orgueil.

*On lira le Chapitre* XIV. *de l'Evangile selon S. Luc.*

### PRIÈRE.

O Dieu qui résistez aux superbes, & qui donnez votre grâce aux humbles ; accordez-nous, par l'intercession de S. Clair, la vertu d'une humilité sincère, conforme à celle dont nous a donné l'exemple votre Fils unique, J. C. notre Seigneur, qui étant Dieu avec vous, vit & régne en l'unité du S. Eprit, dans tous les siécles des siécles.

Ainsi soit-il.

## III. JOUR.

Demandons à Dieu la grâce de faire de dignes fruits de Pénitence, c'est-à-dire qui soient proportionnés au nombre & à l'énormité de nos péchés.

*On dira le Pseaume* 50 : Miserere meî, Deus. — Ayez pitié de moi, mon Dieu.

### PRIÈRE.

Nous reconnoiſſons ô mon Dieu, que nous ne pouvons appaiſer votre colère que par une véritable pénitence; donnez-nous l'amour de votre Juſtice, & nous ſerons bientôt pénitens; nous vous demandons cette grâce par l'interceſſion de S. Clair, qui a renoncé à tout pour ne s'attacher qu'à vous.

Ainſi ſoit-il.

---

## IV. JOUR.

Demandons à Dieu les diſpoſitions néceſſaires pour aſſiſter au ſaint Sacrifice de la Meſſe.

*On dira le Pſeaume* 83 : Quàm dilecta tabernacula tua, Domine virtutum ! — Que vos tabernacles ſont aimables, ô Dieu des armées !

### PRIÈRE.

Seigneur, faites moi la grâce d'aſſiſter au ſaint Sacrifice de la Meſſe, avec les mêmes diſpoſitions que S. Clair y apportoit; je crois fermement que c'eſt le Sacrifice du corps & du ſang de Jéſus-Chriſt votre Fils; faites que j'y aſſiſte avec l'attention, le reſpect & la frayeur que demandent de ſi redoutables myſtères, & que, par les mérites de la Victime qui s'immole pour moi, immolé moi-même avec elle, je ne vive plus que pour vous, qui vivez & régnez dans tous les ſiécles des ſiécles.

Ainſi ſoit-il.

---

## V. JOUR.

Demandons à Dieu la grâce de l'aimer, & d'accomplir ſa ſainte Loi.

*On lira le Chapitre XXII. de l'Evangile ſelon S. Matthieu.*

### PRIÈRE.

O Dieu, qui remettez beaucoup de péchés à ceux qui aiment beaucoup, daignez allumer dans mon cœur, ce feu de votre amour dont vous aviez embraſé votre fidéle ſerviteur S. Clair, afin que, par votre miſéricorde, nous ſoyons délivrés de tous nos péchés, & que par l'infuſion du S. Eſprit, nous accompliſſions votre ſainte Loi. Par N. S. J. C.

Ainſi ſoit-il.

## VI. JOUR.

Demandons à Dieu la grâce de porter notre croix tous les jours, pour devenir les Disciples de J. C.

*On dira le Pseaume* 24: Ad te, Domine levavi animam meam. – Seigneur je tiens mon âme elevée vers vous.

### PRIÈRE.

Seigneur, vous nous avez appris que, pour être vos disciples, nous devons porter notre croix continuellement. Nous ne manquons pas d'occasions; mais nous ne pensons pas à la porter comme il faut; nous devons la porter après vous, & comme vous; c'est-à-dire avec humilité, avec patience, avec soumission & même avec joie. Donnez-nous, par l'intercession de S. Clair, ces dispositions si essentielles à des Chrétiens, vous qui étant Dieu, vivez & régnez avec le Père, en l'unité du S. Esprit.

Ainsi soit-il.

## VII. JOUR.

Demandons à Dieu la grâce de nous préserver de l'aveuglement corporel & encore plus de l'aveuglement spirituel.

*On lira le Chapitre IX. de l'Evangile selon S. Matthieu.*

### PRIÈRE.

Je vous remercie, ô mon Dieu, de m'avoir conservé les yeux du corps, malgré l'abus que j'en ai fait. Vous me les aviez donnés pour les tenir toujours élevés vers vous; &, par la corruption de mon cœur, ils ne se sont attachés qu'aux objets terrestres, & ne se sont ouverts qu'aux vanités du siécle. Daignez m'accorder, par l'intercession de S. Clair, la grâce d'en faire désormais un usage conforme à leur destination. Daignez les changer en fontaines de larmes pour me faire pleurer mon ingratitude & mes infidélités à votre égard. Mais surtout, rendez-moi la vue de l'âme, & ne permettez pas que les yeux de mon cœur restent plus long-temps fermés aux vérités divines que vous êtes venu nous apporter du Ciel. C'est la grâce que je vous demande, comme au souverain Médecin de mon corps & de mon âme. Par J. C. N. S.

## VIII. JOUR.

Demandons à Dieu l'eſprit de Prière.

Prier, c'eſt traiter avec Dieu de notre ſalut; c'eſt lui ouvrir notre cœur, afin qu'il en chaſſe tout amour profane, & qu'il y imprime ſon amour divin.

*On lira le Chapitre VI. de l'Evangile ſelon S. Matthieu.*

### PRIÈRE.

Seigneur, puiſque vous nous commandez de prier continuellement, que l'exemple de votre fidéle ſerviteur S. Clair, nous porte à une vie de retraite, de recueillement & de prière. Renouvellez parmi nous cette vie cachée en vous, qui eſt preſque ignorée aujourd'hui; donnez-nous votre ſaint Amour, nous n'en ſommes pas dignes, mais nous vous demandons cette grâce, par Jéſus-Chriſt notre Seigneur,

Ainſi ſoit-il.

## IX. JOUR.

Demandons à Dieu la grâce de profiter des exemples & des inſtructions de S. Clair.

*On dira le Pſeaume* 98: Dominus regnavit, iraſcantur populi. — Le Seigneur régne; que les peuples frémiſſent de crainte.

### PRIÈRE.

O Dieu qui avez honoré S. Clair, du Miniſtère de la prédication évangélique, faites que nous ſoyons fortifiés dans la Piété par ſes exemples & ſes inſtructions, & protégés par ſes prières. Nous vous en ſupplions par J. C. N. S.

Ainſi ſoit-il.

# ORDINAIRE DE LA MESSE.

## *PRIÈRE AVANT LA MESSE.*

PRosterné aux pieds de votre saint Autel, je vous adore, Dieu tout-puissant : je crois fermement que la Messe, à laquelle je vais assister, est le sacrifice du Corps & du Sang de Jésus-Christ votre Fils : faites que j'y assiste avec l'attention, le respect & la frayeur que demandent de si redoutables Mystères, & que, par les mérites de la Victime qui s'immole pour moi, immolé moi même avec elle, je ne vive plus que pour vous, qui vivez & régnez dans la suite de tous les siécles. Amen.

*Le Prêtre au pied de l'Autel, fait le signe de la Croix, & dit :*

AU nom du Père, & du Fils, & du saint Esprit. Amen.

IN nómine Patris, & Filii, & Spíritûs sancti. Amen.

Je m'approcherai de l'Autel de Dieu : ℟. Je me présenterai devant Dieu, qui remplit mon ame d'une joie toujours nouvelle.

Introíbo ad Altáre Dei : ℟. Ad Deum qui lætíficat juventútem meam.

PSEAUME 42.

SOyez mon Juge, ô mon Dieu, & prenez ma défense contre les impies : délivrez-moi de l'homme injuste & trompeur.

JUdica me, Deus, & discerne causam meam de gente non sancta : ab hómine iníquo & dolóso érue me.

℟. Quia tu es, Deus, fortitúdo mea: quare me repulisti? & quare tristis incédo, dum affligit me inimícus?

Car vous êtes, mon Dieu; vous êtes ma force: pourquoi vous éloignez-vous de moi? pourquoi me laissez-vous dans le deuil & la tristesse sous l'oppression de mes ennemis.

Emitte lucem tuam & veritátem tuam: ipsa me deduxérunt & adduxérunt in montem sanctum tuum & in tabernácula tua.

Faites briller sur moi votre lumière & votre vérité: qu'elles me conduisent sur votre montagne sainte, & qu'elles me fassent entrer jusque dans votre sanctuaire.

℟. Et introíbo ad Altáre Dei: ad Deum qui lætíficat juventútem meam.

Je m'approcherai de l'Autel de Dieu: je me présenterai devant Dieu qui remplit mon ame d'une joie toujours nouvelle.

Confitébor tibi in cíthara, Deus, Deus meus: quare tristis es, ánima mea? & quare conturbas me?

Je chanterai vos louanges sur la harpe, mon Seigneur & mon Dieu: ô mon ame, pourquoi donc êtes-vous triste? & pourquoi me troublez-vous?

℟. Spera in Deo, quóniam adhuc confitébor illi: salutáre vultûs mei, & Deus meus.

Espérez en Dieu; car je lui rendrai encore des actions de grâces: il est mon Sauveur, & il est mon Dieu.

Glória Patri, & Fílio, & Spirítui sancto: ℟. Sicut erat in princípio, & nunc, & semper, & in sécula seculórum. Amen.

Gloire au Père, & au Fils, & au saint-Esprit: ℟. Aujourd'hui & toujours, & dans tous les siécles, comme dès le commencement, & dans toute l'éternité. Amen.

Introíbo ad Altáre Dei: ℟. Ad Deum qui lætíficat juventútem meam.

Je m'approcherai de l'Autel de Dieu: ℟. Je me présenterai devant Dieu qui remplit mon ame d'une joie toujours nouvelle.

Adjutórium nostrum

Notre secours est dans le

nom du Seigneur, ℟. Qui a fait le ciel & la terre.

in nómine Dómini, ℟. Qui fecit cœlum & terram.

*Après le* Confíteor *du Prêtre, les Assistans repondent :*

QUe Dieu tout-puissant ait pitié de vous ; & qu'après vous avoir pardonné vos péchés, il vous conduise à la vie éternelle.
℟. Amen.

MIsereátur tuî omnípotens Deus; &, dimissis peccátis tuis, perdúcat te ad vitam æternam.
℟. Amen.

*Les Assistans font la Confession, en disant :*

JE confesse à Dieu tout-puissant, à la bienheureuse Marie, toujours Vierge, à saint Michel, Archange, à saint Jean-Baptiste, aux Apôtres S. Pierre & S. Paul, à tous les Saints, & à vous, mon Père, que j'ai beaucoup péché par pensées, par paroles & par actions : c'est ma faute : c'est ma faute : c'est ma très-grande faute. C'est pourquoi je supplie la bienheureuse Marie toujours Vierge, saint Michel, Archange, saint Jean-Baptiste, les Apôtres saint Pierre & saint Paul, & tous les Saints, & vous, mon Père, de prier pour moi le Seigneur notre Dieu.

COnfíteor Deo omnipotenti, beátæ Maríæ semper Vírgini, beáto Michaéli Archángelo, beáto Joanni Baptistæ, sanctis Apóstolis Petro & Paulo, ómnibus Sanctis, & tibi, Pater, quia peccávi nimis cogitatióne, verbo & ópere : meâ culpâ : meâ culpâ : meâ máximâ culpâ. Ideò precor beátam Maríam semper Vírginem, beátum Michaélem Archángelum, beátum Joannem Baptistam, sanctos Apóstolos Petrum & Paulum, omnes Sanctos, & te, Pater, oráre pro me ad Dóminum Deum nostrum.

*Le Prêtre prie pour les Assistans & pour lui-même.*

QUe Dieu tout-puissant ait pitié de vous; &, qu'après vous avoir par-

MIsereátur vestrî omnípotens Deus; & dimissis peccátis vestris, perdúcat vos ad vitam æternam. ℟. Amen.

donné vos péchés, il vous conduise à la vie éternelle. ℟. Amen.

Indulgéntiam, absolutiónem, & remissiónem peccatórum nostrórum tríbuat nobis omnípotens & miséricors Dóminus. ℟. Amen.

Que le Seigneur tout-puissant & miséricordieux nous accorde le pardon, l'absolution & la rémission de nos péchés. ℟. Amen.

Deus, tu convérsus vivificábis nos: ℟. Et plebs tua lætábitur in te.

Mon Dieu, tournez vos regards vers nous, & vous nous donnerez une nouvelle vie; ℟. Et votre peuple se réjouira en vous.

Ostende nobis, Dómine, misericórdiam tuam; ℟. Et salutáre tuum da nobis.

Faites-nous sentir, Seigneur, les effets de votre miséricorde; ℟. Et accordez-nous le salut qui vient de vous.

Dómine, exáudi oratiónem meam; ℟. Et clamor meus ad te véniat.

Seigneur, daignez écouter ma prière; ℟. Et que mes cris pénétrent jusqu'à vous.

℣. Dóminus vobíscum, ℟. Et cum spíritu tuo.

℣. Le Seigneur soit avec vous, ℟. Et avec votre esprit.

*Lorsque le Prêtre monte à l'Autel.*

NOus vous supplions, Seigneur, d'effacer & de détruire nos iniquités, afin que nous nous approchions du Saint des Saints avec une entière pureté de cœur & d'esprit; Par N. S. J. C. Amen.

*Lorsqu'il baise l'Autel.*

NOus vous supplions, Seigneur, par les mérites des Saints dont les Reliques sont dans ce saint Temple, & de tous les autres Saints, de daigner me pardonner mes péchés. Amen.

*Pendant l'Introït.*

LE Seigneur est ma lumière & mon Sauveur, qui pourrois-je craindre? Le Seigneur est le puissant Protecteur de ma vie, qui pourrois-je redouter?

Gardez-moi, Seigneur, comme la prunelle de votre œil; couvrez-moi de l'ombre de vos aîles.

*Le Prêtre & les Assistans disent trois fois alternativement :*

Seigneur, ayez pitié de nous.
Jesus, ayez pitié de nous.
Seigneur, ayez pitié de nous.

Kyrie, eléison.
Christe, eléison.
Kyrie, eléison.

GLoire à Dieu dans le ciel : & paix sur la terre aux hommes de bonne volonté. Nous vous louons. Nous vous bénissons. Nous vous adorons. Nous vous glorifions. Nous vous rendons grâces dans la vue de votre gloire infinie, Seigneur Dieu, souverain Roi du ciel, ô Dieu, Père tout-puissant, Seigneur Jésus-Christ, Fils unique de Dieu; Seigneur Dieu, Agneau de Dieu, Fils du Père. Vous qui effacez les péchés du monde, ayez pitié de nous. Vous qui effacez les péchés du monde, recevez notre humble prière. Vous qui êtes assis à la droite du Père, ayez pitié de nous. Car vous êtes le seul Saint, le seul Seigneur, le seul Très-haut, ô Jésus-Christ, avec le saint-Esprit, dans la gloire de Dieu le Père. Amen.

GLória in excelsis Deo : Et in terra pax homínibus bonæ voluntátis. Laudámus te. Benedícimus te. Adorámus te. Glorificámus te. Grátias ágimus tibi propter magnam glóriam tuam; Dómine Deus, Rex cœlestis, Deus, Pater omnípotens; Dómine Fili unigénite, Jesu Christe; Dómine Deus, Agnus Dei, Fílius Patris; Qui tollis peccáta mundi, miserére nobis. Qui tollis peccáta mundi, súscipe deprecatiónem nostram. Qui sedes ad déxteram Patris, miserére nobis. Quóniam tu solus Sanctus; Tu solus Dóminus; Tu solus Altíssimus, Jesu Christe, cum sancto Spíritu, in glória Dei Patris. Amen.

℣. Le Seigneur soit avec vous, ℟. Et avec votre esprit.

℣. Dóminus vobiscum, ℟. Et cum spíritu tuo.

*Pendant la Collecte.*

O Dieu qui avez honoré S. Clair du ministère de la Prédication evangélique, faites que nous soyons fortifiés dans la Piété par ses Exemples & par ses Instructions, & protégés par ses Prières ; Nous vous en supplions par J. C. N. S.

*Pendant l'Epître.* ( Ephes. Chap. V, ℣. 8. )

MEs Frères, vous n'étiez autrefois que ténébres ; mais maintenant vous êtes lumière en notre Seigneur. Marchez comme des enfans de lumière. Or le fruit de la lumière consiste en toute sorte de bonté, de justice & de vérité. Recherchez avec soin ce qui est agréable à Dieu, & ne prenez point de part aux œuvres infructueuses des ténébres, mais au contraire condamnez-les.

*Pendant le Graduel.*

VOtre œil est la lampe de votre corps. Si votre œil est simple, tout votre corps sera éclairé : s'il est mauvais, votre corps aussi sera ténébreux. Donnez-nous, Seigneur, cet œil simple, cette intention pure, qui est une voie de lumière, parce que c'est celle de la Charité.

*Avant l'Evangile, le Prêtre dit au milieu de l'Autel :*

PUrifiez mon cœur & mes lévres, Dieu tout-puissant, qui avez purifié les lévres du Prophéte Isaïe avec un charbon ardent : daignez, par un effet de votre miséricorde envers moi, me purifier de telle sorte, que je puisse annoncer dignement votre saint Evangile ; Par N. S. J. C. Amen.

Donnez-moi votre bénédiction, Seigneur.

Que le nom du Seigneur soit dans mon cœur & sur mes lévres ; afin que j'annonce dignement son saint Evangile. Amen.

*Pendant l'Evangile.*

*Pour le premier, le cinquiéme & le neuviéme jour de la Neuvaine.*

*Evangile.* selon S. Matth. Chap. XV, ℣. 29.

JEsus vint le long de la mer de Galilée ; &, étant monté sur une montagne, il s'y assit. Alors de grandes troupes de peuples vinrent le trouver, ayant avec eux des muets, des aveugles, des boiteux, des estropiés, & beaucoup d'autres malades qu'ils mirent à ses pieds, & il les guerit : de sorte que ces peuples étoient dans l'admiration, voyant que les muets parloient, que les aveugles voyoient, & ils rendoient gloire au Dieu d'Israël.

*Pour le deuxiéme & le sixiéme jour de la Neuvaine.*

*Evangile.* selon S. Marc, Chap. VIII, ℣. 22.

JEsus étant arrivé à Bethsaide, on lui amena un aveugle qu'on le pria de toucher. Et, prenant l'aveugle par la main, il le mena hors du Bourg : il lui mit de sa salive sur les yeux, & lui ayant imposé les mains, il lui demanda s'il voyoit quelque chose. Cet homme regardant, lui dit : Je vois marcher des hommes qui me paroissent comme des arbres. Jesus lui mit encore une fois les mains sur les yeux, & il commença à mieux voir, & fut tellement gueri, qu'il voyoit distinctement toutes choses.

*Pour le troisiéme & le septiéme jour de la Neuvaine.*

*Evangile.* selon S. Luc, Chap. XVIII, ℣. 35.

LOrsque Jesus étoit près de Jéricho, un aveugle se trouva assis le long du chemin, qui demandoit l'aumône ; &, entendant le bruit du peuple qui passoit, il s'enquit de ce que c'étoit. On lui répondit que c'étoit Jesus de Nazareth qui passoit par là. En même-temps il se mit à crier : Jesus, Fils de David, ayez pitié de moi. Et ceux qui alloient devant, le reprenoient, en lui disant qu'il se tût ; mais il crioit encore beaucoup plus fort : Fils de David, ayez pitié de moi. Alors Jesus s'arrêta, & commanda qu'on le lui amenât ; &, comme il se fut approché, il lui demanda : Que voulez vous que je vous fasse. L'aveugle répondit : Seigneur, faites que je voie. Jesus lui dit : Voyez ; votre foi vous a sauvé. Il vit au même instant, & il le suivoit en rendant gloire à Dieu.

*Pour le quatriéme & le huitiéme jour de la Neuvaine.*

*Evangile.* selon S. Jean. Chap. IX, ℣. 1.

LOrsque Jesus passoit, il vit un homme qui étoit aveugle dès sa naissance ; & ses disciples lui firent cette demande : Maître, est-ce le péché de cet homme, ou le péché de ceux qui l'ont mis au monde, qui est cause qu'il est né aveugle ? Jesus leur répondit :

Ce n'est point qu'il ait péché, ni ceux qui l'ont mis au monde; mais c'est afin que les œuvres de la puissance de Dieu éclatent en lui. Il faut que je fasse les œuvres de celui qui m'a envoyé pendant qu'il est jour. La nuit vient, dans laquelle personne ne peut agir: Tant que je suis dans le monde, je suis la lumière du monde. Après avoir dit cela, il cracha à terre; &, ayant fait de la boue avec sa salive, il oignit de cette boue les yeux de l'aveugle, & lui dit: Allez-vous laver dans la piscine de Siloé, qui signifie envoyé. Il y alla donc, il s'y lava, & il s'en revint voyant clair.

*Après l'Evangile, le Prêtre dit:* Que nos péchés soient effacés par les paroles du saint Evangile.

CRedo in unum Deum, Patrem omnipotentem, factórem cœli & terræ, visibílium ómnium & invisibílium. Et in unum Dóminum Jesum Christum, Fílium Dei unigenitum; Et ex Patre natum ante ómnia sécula; Deum de Deo, lumen de lúmine, Deum verum de Deo vero; Génitum, non factum, consubstantiálem Patri; Per quem ómnia facta sunt. Qui propter nos hómines & propter nostram salútem descendit de cœlis. Et incarnátus est de Spíritu sancto ex María Vírgine; ET HOMO FACTUS EST. Crucifixus étiam pro nobis; sub Póntio Piláto passus & sepultus est. Et resurrexit

JE crois en un seul Dieu, le Père tout-puissant, qui a fait le ciel & la terre, toutes les choses visibles & invisibles. Je crois en un seul Seigneur Jésus-Christ, Fils unique de Dieu; Qui est né du Père avant tous les siécles, Dieu de Dieu, lumière de lumière, vrai Dieu de vrai Dieu. Qui n'a pas été fait, mais engendré, consubstantiel au Père; Par qui tout a été fait. Qui est descendu des cieux pour nous autres hommes, & pour notre salut. Qui s'est incarné, en prenant un corps dans le sein de la Vierge Marie par l'opération du saint-Esprit, ET QUI S'EST FAIT HOMME. Qui a été crucifié pour nous; qui a souffert sous Ponce Pilate, & qui a été mis dans le tombeau. Qui est ressuscité le troisiéme jour, selon les

Ecritures. Qui est monté au Ciel, où il est assis à la droite du Père. Qui viendra de nouveau, plein de gloire, juger les vivans & les morts; & dont le régne n'aura point de fin. Je crois au saint-Esprit qui est aussi Seigneur, & qui donne la vie; qui procéde du Père & du Fils. Qui est adoré & glorifié conjointement avec le Père & le Fils; qui a parlé par les Prophètes. Je crois l'Eglise qui est une, sainte, Catholique & Apostolique. Je confesse qu'il y a un Baptême pour la rémission des péchés. J'attends la résurrection des morts, & la vie du siécle à venir. Amen.

tértiâ die secundùm Scriptúras. Et ascendit in cœlum; sedet ad déxteram Patris. Et íterum ventúrus est cum glória judicáre vivos & mórtuos; cujus regni non erit finis. Et in Spíritum sanctum, Dóminum, & vivificantem; qui ex Patre Filióque procédit. Qui cum Patre & Fílio simul adorátur, & conglorificátur, qui locútus est per Prophétas. Et unam sanctam, Cathólicam & Apostólicam Ecclésiam. Confíteor unum Baptisma in remissiónem peccatórum. Et expecto resurrectiónem mortuórum, & vitam ventúri séculi. Amen.

*Pendant l'Offertoire.*

VOtre Parole, Seigneur, est la lampe qui éclaire mes pas, & la lumière qui luit dans les sentiers où je marche. Faites, ô mon Dieu, qu'elle soit aussi les délices de mon cœur.

## OBLATION DE L'HOSTIE.

REcevez, ô Père saint, Dieu éternel & tout-puissant, cette Hostie sans tache que je vous offre, tout indigne que je suis de ce ministère. Je vous l'offre, Seigneur, comme à mon Dieu vivant & véritable; pour mes péchés, mes offenses, mes négligences qui sont sans nombre; je vous l'offre aussi pour tous les assistans, & même pour tous les fidéles Chrétiens, vivans & morts: afin qu'elle serve à eux & à moi pour le salut éternel. Amen.

*Le Prêtre met le vin & l'eau dans le Calice, & dit:*

O Dieu, qui, par un effet admirable de votre puissance, avez créé l'homme dans un haut degré d'excellence, & qui, par un prodige de bonté encore plus surprenant, avez daigné réparer cet ouvrage de vos mains après sa chûte: donnez-nous par le mystère que ce mêlange d'eau & de vin nous représente, la grâce de participer à la divinité de Jésus-Christ votre Fils, qui a bien voulu se revêtir de notre humanité; Lui qui étant Dieu, &c.

## OBLATION DU CALICE.

NOus vous offrons, Seigneur, le Calice du salut, en conjurant votre bonté de le faire monter comme un parfum d'une agréable odeur, jusqu'au trône de votre divine Majesté, pour notre salut & celui de tout le monde. Amen.

NOus-nous présentons devant vous, Seigneur, avec un esprit humilié & un cœur contrit: recevez-nous, & faites que notre sacrifice s'accomplisse aujourd'hui devant vous, d'une manière qui vous le rende agréable, ô Seigneur notre Dieu.

VEnez, Sanctificateur tout-puissant, Dieu éternel; & bénissez ce sacrifice destiné pour rendre gloire à votre saint Nom.

*Le Prêtre lave ses doigts.*

JE laverai mes mains avec les justes, & je m'approcherai de votre autel, Seigneur; afin d'entendre publier vos louanges, & de raconter moi-même toutes vos merveilles. J'aime la beauté de votre maison, Seigneur, & le lieu, où réside votre gloire. O Dieu, ne me confondez pas avec les impies, & ne me traitez pas comme les homicides. Leurs mains sont accoutumées à l'injustice, & ils se laissent séduire par les présens. Pour moi, j'ai marché dans l'innocence: regardez-moi donc, Seigneur, & prenez pitié de moi. Mes pieds se sont arrêtés dans la voie de la justice: je vous bénirai, Seigneur, dans les assemblées des Fidéles. Gloire au Père, & au Fils, & au saint Esprit : à présent & toujours, comme dès le commencement, & dans tous les siécles. Amen.

*Le Prêtre s'incline au milieu de l'Autel, & dit :*

RECEVEZ, ô Trinité sainte, l'oblation que nous vous présentons en mémoire de la Passion, de la Résurrection & de l'Ascension de Jésus Christ notre Seigneur ; en l'honneur de la bienheureuse Marie, toujours Vierge, de saint Jean-Baptiste, des Apôtres saint Pierre & saint Paul, des Saints dont les Reliques sont ici, & de tous les autres Saints ; afin qu'ils y trouvent leur gloire, & nous notre salut, & que ceux dont nous honorons la mémoire sur la terre, daignent intercéder pour nous dans le ciel ; Par le même Jésus-Christ notre Seigneur. Amen.

PRiez, mes frères, que mon sacrifice, qui est aussi le vôtre, soit favorablement reçu de Dieu le Père tout-puissant.

℟. Que le Seigneur reçoive par vos mains ce sacrifice pour l'honneur & la gloire de son nom, pour notre utilité particulière, & pour le bien de toute son Eglise sainte.

℟. Suscípiat Dóminus sacrifícium de mánibus tuis, ad laudem & glóriam nóminis sui, ad utilitátem quoque nostram totiúsque Ecclésiæ suæ sanctæ.

*Pendant la Secréte.*

O Dieu plein de miséricorde, laissez-vous fléchir par cette oblation sainte ; éclairez de plus en plus nos cœurs & nos esprits, & accordez à notre foiblesse le secours de votre grâce, afin qu'à l'exemple de S. Clair que nous honorons en cette Solemnité, nous ayons la lumière & la force pour marcher dans la voie de vos Commandemens ; Nous vous le demandons par Jésus-Christ notre Seigneur.

## PRÉFACE.

DAns tous les siécles des siécles. ℟. Amen.

Le Seigneur soit avec vous,

℟. Et avec votre esprit.

PEr ómnia sécula seculórum. ℟. Amen.

Dóminus vobíscum,

℟. Et cum spíritu tuo.

Sursùm corda. ℟. Habémus ad Dóminum.

Elevez vos cœurs. ℟. Nous les avons élevés vers le Seigneur.

Grátias agámus Dómino Deo nostro. ℟. Dignum & justum est.

Rendons graces au Seigneur notre Dieu. ℟. Il est juste & raisonnable de le faire.

IL est véritablement juste & raisonnable, il est équitable & salutaire de vous rendre grâces par notre Seigneur J. C. toujours & en tout lieu, ô Seigneur très-saint, Père tout-puissant Dieu éternel: c'est par Jésus-Christ que les Anges louent votre Majesté suprême, que les Dominations l'adorent, que les Puissances la craignent & la révèrent, & que les Cieux, les Vertus des Cieux, & la troupe bienheureuse des Séraphins célébrent ensemble votre gloire dans les transports d'une sainte joie. Daignez souffrir, Seigneur, que nous unissions nos voix à celles de ces esprits bienheureux, pour chanter avec eux prosternés devant vous.

Sanctus, Sanctus, Sanctus Dóminus Deus Sabaoth. Pleni sunt cœli & terra glória tuâ. Hosanna in excelsis. Benedictus qui venit in nómine Dómini. Hosanna in excelsis.

Saint, Saint, Saint est le Seigneur le Dieu des armées. Votre gloire remplit les cieux & la terre. Hosanna au plus haut des cieux. Béni soit celui qui vient au nom du Seigneur. Hosanna à celui qui habite au plus haut des cieux.

## LE CANON DE LA MESSE.

NOus vous supplions donc, Père très-miséricordieux, & nous vous conjurons par notre Seigneur J. C. votre Fils d'agréer, & de benir ces dons, ces offrandes, ces sacrifices purs & sans tache, que nous vous offrons pour votre sainte Eglise catholique; afin qu'il vous plaise de lui donner la paix, de la conserver, de la maintenir dans l'union, & de la gouverner par toute la terre, & avec elle votre serviteur *N.* notre Pape, notre Evêque *N.* & notre Roi *N.* enfin tous ceux qui sont orthodoxes; & qui font profession de la foi catholique & apostolique.

## MÉMOIRE DES VIVANS.

SOuvenez-vous, Seigneur, de vos serviteurs & de vos servantes, *N.* & *N.*... & de tous ceux qui sont ici présens, dont vous connoissez la foi & la piété, pour qui nous vous offrons ce sacrifice de louange, ou qui vous l'offrent, tant pour eux-mêmes, que pour ceux qui leur appartiennent; pour la rédemption de leurs ames, pour l'espérance de leur salut & de leur conservation, & pour vous rendre leurs hommages comme au Dieu éternel, vivant & véritable.

ETant unis de communion avec tous vos Saints, nous honorons la mémoire, premièrement de la glorieuse Vierge Marie, mère de Dieu Jésus-Christ notre Seigneur, & de vos bienheureux Apôtres & Martyrs, Pierre, Paul, André, Jacques, Jean, Thomas, Jacques, Philippe, Barthélemi, Matthieu, Simon & Thadée, Lin, Clet, Clément, Xyste, Corneille, Cyprien, Laurent, Chrysogone, Jean & Paul, Côme & Damien, & de tous vos Saints; par les mérites & les prières desquels nous vous supplions de nous accorder en toutes choses le secours de votre protection: C'est ce que nous vous demandons par le même Jésus-Christ notre Seigneur. Amen.

NOus vous prions donc, Seigneur, de recevoir favorablement l'hommage que nous vous rendons par cette oblation, qui est aussi celle de toute votre Eglise: accordez-nous, pendant les jours de cette vie mortelle, la paix qui vient de vous; préservez-nous de la damnation éternelle, & mettez-nous au nombre de vos élus; Par notre Seigneur Jésus-Christ. Amen.

NOus vous prions, ô Dieu, de bénir cette oblation, de la mettre au nombre de celles que vous approuvez, de l'agréer, d'en faire un sacrifice digne d'être reçu de vous, & par lequel nous vous rendions un culte raisonnable & spirituel; en sorte qu'elle devienne pour nous le Corps & le Sang de votre Fils bien-aimé Jésus-Christ notre Seigneur; qui, la veille de sa Passion, prit du pain dans ses mains saintes & vénérables; &, levant les yeux au ciel vers vous, ô Dieu son Père tout-puissant, vous rendit grâces, & bénit ce pain, le rompit & le donna à ses disciples, en disant: Prenez, & mangez en tous: Car ceci est mon Corps.

DE même, après qu'il eut soupé, prenant ce précieux Calice entre ses mains saintes & vénérables, il vous rendit grâces, le bénit, & le donna à ses disciples, en disant: Prenez, & buvez-en tous: Car ceci est le Calice de mon Sang, le Sang de la nouvelle & éternelle alliance, (mystère de foi) qui sera répandu pour vous & pour plusieurs, en rémission des péchés. Toutes les fois que vous ferez ces choses, vous les ferez en mémoire de moi.

C'est pour cela, Seigneur, que nous qui sommes vos serviteurs, & avec nous votre peuple saint faisant mémoire de la Passion de votre Fils Jésus-Christ notre Seigneur, de sa Résurrection en sortant du tombeau, victorieux de l'enfer, & de sa glorieuse Ascension au Ciel, nous offrons à votre incomparable Majesté ce qui est le don même que nous avons reçu de vous, l'Hostie pure, l'Hostie sainte, l'Hostie sans tache, le Pain sacré de la vie qui n'aura point de fin, & le Calice du salut éternel.

Daignez, Seigneur, regarder d'un œil favorable l'oblation que nous vous faisons de ce saint Sacrifice, de cette Hostie sans tache: daignez l'agréer, comme il vous a plu agréer les présens du juste Abel, votre serviteur, le sacrifice de notre Patriarche Abraham, & celui de Melchisédech, votre Grand-Prêtre.

Nous vous supplions, ô Dieu tout-puissant, de commander que ces dons soient portés par les mains de votre saint Ange sur votre Autel sublime, en présence de votre divine Majesté; afin que tout ce que nous sommes ici, qui, participans à cet Autel, aurons reçu le Corps & le Sang de votre Fils, nous soyons remplis de toutes les bénédictions & de toutes les grâces du Ciel; Par notre Seigneur Jésus-Christ. Amen.

## MÉMOIRE DES MORTS.

SOuvenez-vous aussi, Seigneur, de vos serviteurs & de vos servantes *N. N.* qui, marqués au sceau de la Foi, ont fini leur vie mortelle avant nous, pour s'endormir du sommeil de paix.

*Ici le Prêtre recommande à Dieu ceux pour qui il veut prier particulièrement.*

Nous vous supplions, Seigneur, de leur accorder, par votre miséricorde, à eux & à tous ceux qui reposent en Jésus-Christ, le lieu du rafraîchissement de la lumière & de la paix; Par le même Jésus-Christ. Amen.

POur nous pécheurs, qui sommes vos serviteurs, & qui espérons en votre grande miséricorde, daignez nous donner part au céleste héritage avec vos saints Apôtres & Martyrs; avec Jean, Etienne, Matthias, Barnabé, Ignace, Alexandre, Marcellin, Pierre, Félicité, Perpétue, Luce, Agnès, Cécile, Anastasie, & avec tous vos Saints: daignez nous admettre en leur sainte société, non en consultant nos mérites, mais en usant d'indulgence à notre égard; Par Jésus-Christ notre Seigneur, par lequel vous produisez toujours, Seigneur, vous sanctifiez, vous vivifiez, vous bénissez, & vous nous donnez tous ces biens. Que par lui, avec lui, & en lui, tout honneur & toute gloire vous soient rendus, ô Dieu Père tout-puissant, en l'unité du saint Esprit; dans tous les siécles. ℟. Amen.

AVertis par le commandement salutaire de Jésus-Christ, & conformément à l'instruction sainte qu'il nous a laissée, nous osons dire:

NOtre Père, qui êtes dans les Cieux; Que votre nom soit sanctifié: Que votre régne arrive: que votre volonté soit faite sur la terre comme dans le Ciel: donnez-nous aujourd'hui notre pain de chaque jour. Et par-

PAter noster qui es in cœlis; Sanctificétur nomen tuum: Advéniat regnum tuum: Fiat voluntas tua, sicut in cœlo & in terra: Panem nostrum quotidiánum da nobis hódiè: Et dimitte nobis débita nostra, sicut & nos dimíttimus debitóribus nostris : & ne nos indúcas in ten tatiónem; ℟. Sed líbera nos à malo. Amen.

donnez nous nos offenses, comme nous pardonnons à ceux qui nous ont offensés : Et ne nous abandonnez pas à la tentation : ℟. Mais délivrez-nous du mal. Amen.

DÉlivrez-nous, s'il vous plaît, Seigneur, de tous les maux passés, présens & à venir : &, par l'intercession de la bienheureuse Marie mère de Dieu, toujours Vierge, & de vos bienheureux Apôtres, Pierre, Paul, André, & de tous vos Saints, daignez nous faire jouir de la paix pendant le cours de notre vie mortelle; afin qu'étant assistés du secours de votre miséricorde, nous ne soyons jamais assujettis au péché, ni agités par aucun trouble : Nous vous en prions par le même Jésus-Christ notre Seigneur, qui étant Dieu vit & régne avec vous en l'unité du saint-Esprit,

Per ómnia sécula seculórum ℟. Amen.

Dans tous les siécles des siécles. ℟. Amen.

Pax Dómini sit semper vobíscum, ℟. Et cum spíritu tuo.

Que la paix du Seigneur soit toujours avec vous, ℟. Et avec votre esprit.

Que ce mélange & cette consécration du Corps & du Sang de notre Seigneur Jésus-Christ, que nous allons recevoir, nous procure la vie éternelle. Amen.

AGnus Dei, qui tollis peccáta mundi, miserére nobis.

AGneau de Dieu, qui effacez les péchés du monde, ayez pitié de nous.

Agnus Dei, qui tollis peccáta mundi, miserére nobis.

Agneau de Dieu, qui effacez les péchés du monde, ayez pitié de nous.

Agnus Dei, qui tollis peccáta mundi, dona nobis pacem.

Agneau de Dieu, qui effacez les péchés du monde, donnez-nous la paix.

SEigneur Jésus-Christ, qui avez dit à vos Apôtres : Je vous laisse la paix, je vous donne ma paix : n'ayez pas d'égard à mes péchés, mais à la foi de votre Eglise; & donnez-lui la paix & l'union dont vous voulez qu'elle jouisse : Vous qui étant Dieu, vivez & régnez dans tous les siécles des siécles. Amen.

SEigneur Jésus-Christ, Fils du Dieu vivant, qui, par la volonté du Père, & la coopération du saint-Esprit, avez donné la vie aux hommes en mourant pour eux; délivrez-moi par votre saint Corps & votre précieux Sang ici présens, de tous mes péchés, & de tous les autres maux: faites, s'il vous plaît, que je m'attache toujours inviolablement à votre loi, & ne permettez pas que je me sépare jamais de vous; Qui étant Dieu, vivez & régnez avec le Père & le saint Esprit, dans tous les siécles des siécles. Amen.

JÉsus-Christ, mon Seigneur, que la participation de votre Corps que j'ose recevoir, tout indigne que j'en suis, ne tourne point à mon jugement & à ma condamnation; mais que, par votre bonté, elle serve à la défense de mon corps & de mon ame, & qu'elle soit le reméde de tous mes maux: Accordez-moi cette grâce, Seigneur qui, étant Dieu, vivez & régnez en l'unité du saint-Esprit dans tous les siécles. ℟. Amen.

Je prendrai le pain céleste, & j'invoquerai le nom du Seigneur.

*Le Prêtre, tenant l'Hostie entre ses mains, dit trois fois:* Dómine, non sum dignus, &c.

| | |
|---|---|
| Seigneur, je ne suis pas digne de vous recevoir dans ma maison; mais dites seulement une parole, & mon ame sera guérie. | Dómine, non sum dignus ut intres sub tectum meum: sed tantùm dic verbo & sanábitur ánima mea. |

Que le Corps de notre Seigneur Jésus-Christ garde mon ame pour la vie éternelle. Amen.

QUe rendrai-je au Seigneur pour toutes les grâces qu'il m'a faites? Je prendrai le Calice du salut, & j'invoquerai le nom du Seigneur, en chantant ses louanges, & je serai délivré de mes ennemis.

Que le Sang de notre Seigneur Jésus-Christ garde mon ame pour la vie éternelle. Amen.

FAites, Seigneur, que nous conservions dans un cœur pur le Sacrement que notre bouche a reçu, & que le don qui nous est fait dans le tems, nous soit un remède pour l'éternité.

Que votre Corps que j'ai reçu, Seigneur, & que votre Sang que j'ai bu, s'attachent à mes entrailles: faites qu'après avoir été nourri par des Sacremens si purs & si saints, il ne demeure en moi aucune souillure du péché: Accordez-moi cette grace, Seigneur, qui vivez & régnez dans tous les siécles des siécles. Amen.

*Pendant la Communion.*

VEnez à moi, dit le Seigneur, vous tous qui êtes fatigués, & qui êtes chargés, & je vous soulagerai.

*Pendant la Postcommunion.*

FAites, ô mon Dieu, que les saints Mystères auxquels nous venons de participer, nous procurent, par l'intercession de S Clair, la santé de l'ame & du corps, qu'ils sanctifient nos corps par la chasteté, nos esprits par la foi, & nos cœurs par la charité; Nous vous en prions par Jésus-Christ notre Seigneur.

*Après la Postcommunion, le Prêtre dit:*

| | |
|---|---|
| Dóminus vobiscum, | Le Seigneur soit avec vous, |
| ℟. Et cum spíritu tuo. | ℟. Et avec votre esprit. |

*Ensuite il congédie l'Assemblée, en disant:*

| | |
|---|---|
| Ite, Missa est. ℟. Deo grátias. | Allez, la Messe est dite. ℟. Rendons graces à Dieu. |

REcevez favorablement, ô Trinité sainte, l'hommage & l'aveu de ma parfaite dépendance: daignez agréer le sacrifice que j'ai offert à votre divine Majesté, tout indigne que j'en suis: faites par votre bonté qu'il m'obtienne miséricorde, & à tous ceux pour qui je l'ai offert; Par Jésus-Christ notre Seigneur.

| | |
|---|---|
| Benedícat vos omnípotens Deus, Pater, & Fílius, & Spíritus sanctus. ℟. Amen. | Que Dieu tout-puissant, le Père, le Fils, & le saint-Esprit vous bénisse. ℟. Amen. |
| ℣. Dóminus vobiscum, ℟. Et cum spíritu tuo. | ℣. Le Seigneur soit avec vous, ℟. Et avec votre esprit. |

*Commencement du saint Evangile selon S. Jean.*

AU commencement étoit le Verbe, & le Verbe étoit en Dieu, & le Verbe étoit Dieu. Il étoit dès le commencement en Dieu. Toutes choses ont été faites par lui ; & rien de ce qui a été fait, n'a été fait sans lui. Dans lui étoit la vie, & la vie étoit la lumière des hommes ; & la lumière luit dans les ténébres, & les ténébres ne l'ont point comprise. Il y eut un homme envoyé de Dieu, qui s'appelloit Jean. Il vint pour rendre témoignage à la lumière, afin que tous crussent par lui ; il n'étoit pas la lumière, mais il vint pour rendre témoignage à celui qui est la lumière. C'étoit la vraie lumière qui éclaire tout homme venant en ce monde. Il étoit dans le monde, & le monde a été fait par lui, & le monde ne l'a point connu. Il est venu chez soi, & les siens ne l'ont point reçu. Mais il a donné à tous ceux qui l'ont reçu, le pouvoir d'être faits enfans de Dieu à ceux qui croient en son nom ; qui ne sont point nés du sang, ni des desirs de la chair, ni de la volonté de l'homme, mais de Dieu même. ET LE VERBE S'EST FAIT CHAIR, & il a habité parmi nous, plein de grâce & de vérité : & nous avons vu sa gloire, qui est la gloire du Fils unique du Père.

℟. Rendons grâces à Dieu. ℟. Deo grátias.

---

## *PRIÈRE APRÈS LA MESSE.*

JE vous demande pardon, ô mon Dieu, de toutes les fautes que j'ai commises pendant la sainte Messe que je viens d'entendre ; je vous remercie de toutes les grâces que vous m'y avez données ; & je vous offre toutes les bonnes résolutions que vous m'y avez fait prendre : donnez-moi la grâce de les mettre en pratique. Je vous le demande au nom & par les mérites de Jésus-Christ votre Fils, qui étant Dieu, vit & régne avec vous, en l'unité du Saint-Esprit, dans tous les siécles des siécles.

Ainsi soit-il.

## *APPROBATION.*

Lu & Approuvé ce quatre Mai mil sept-cent soixante-seize. *Signé* ADHENET, Docteur de la Maison & Société de Sorbonne.

## *PERMISSION.*

Vu l'Approbation, Permis d'imprimer, ce 7 Mai 1776.

*Signé*, ALBERT.

De l'Imprimerie d'A.-M. LOTTIN l'aîné, Imprimeur-Libraire du Roi & de la Ville;
M. DCC. LXXVI.

www.ingramcontent.com/pod-product-compliance
Ingram Content Group UK Ltd.
Pitfield, Milton Keynes, MK11 3LW, UK
UKHW021034180726
13838UKWH00004B/1800

9 782329 439082